MW01127246

Descubra sus Dones y Talentos

UN MÉTODO DE INVENTARIO PERSONAL

KENNETH CAIN KINGHORN

Vida

DEDICADOS A LA EXCELENCIA

La misión de Editorial Vida es proporcionar los recursos necesarios a fin de alcanzar a las personas para Jesucristo y ayudarlas a crecer en su fe.

© 2005 Editorial Vida
Miami, Florida

Publicado en inglés bajo el título:
Discovering Your Spiritual Gifts
por the Zondervan Corporation
© 1981 por Kenneth Cain Kinghorn

Traducción: *Daniel Andrés Díaz*
Edición: *Anna M. Sarduy*
Diseño interior: *Eugenia Chinchilla*
Diseño de cubierta: *Holli Leegwater*

RESERVADOS TODOS LOS DERECHOS

ISBN: 0-8297-4379-0

Categoría: Iglesia y Ministerio

Impreso en Estados Unidos de América
Printed in the United States of America

14 15 16 ❖ 9 8 7 6

CONTENIDO

INTRODUCCIÓN

Este libro ha sido escrito para ayudarle a descubrir sus dones espirituales. Identifica y define cada uno de los dones espirituales que aparecen en el Nuevo Testamento. El libro contiene también un «inventario» de doscientas declaraciones a las cuales usted puede responder en la hoja (intermedia) de respuestas. Este inventario está diseñado para asistirle en la identificación de los dones específicos que Dios le ha dado. Al final del libro he incluido una lista selecta de los mejores libros disponibles en el tema de los dones espirituales.

Respondiendo a muchas solicitudes de ayuda práctica en estos asuntos he preparado DESCUBRA SUS DONES Y TALENTOS — Un método para su inventario personal como un suplemento práctico a mi libro GIFT OF THE SPIRIT [DONES DEL ESPÍRITU] (Abindgdon Press). Aunque este manual se puede usar solo, también se puede obtener una gran ayuda con el estudio más detallado de los dones espirituales que se encuentra en DONES DEL ESPÍRITU.

El inventario presentado en DESCUBRA SUS DONES Y TALENTOS ha sido usado por varios cristianos eficazmente a lo largo de todo los Estados Unidos, y creo sinceramente que este le ayudará a entender cuáles dones espirituales le ha dado Dios a usted.

Mis oraciones permanecerán a su lado en esta experiencia, y tendrá mis mejores deseos mientras se aventura en esta dimensión emocionante de la vida cristiana. Descubrir sus dones espirituales puede ser un punto de giro para su vida, en tanto que el proceso lo libera para ministrar con confianza y con gozo.

Kenneth Cain Kinghorn
Seminario Teológico de Asbury
Wilmore, Kentucky

DEFINICIÓN DE UN DON ESPIRITUAL

La palabra normal en el Nuevo Testamento para *don espiritual* es *carisma* (*carismata* en plural). Este término tiene tres usos en el Nuevo Testamento. (1) En algunos pasajes significa el regalo de la salvación por parte de Dios. Un ejemplo de este uso se encuentra en la declaración: «La dadiva (*carisma*) de Dios es vida eterna en Cristo Jesús, nuestro Señor» (Romanos 6:23).

(2) En otros casos el término se refiere a bendición, ánimo o confort. Por ejemplo, Pablo utiliza el término de esta forma cuando se refiere al favor de Dios: «Mientras tanto, ustedes nos ayudan orando por nosotros. Así muchos darán gracias a Dios por nosotros a causa del don (*carisma*) que se nos ha concedido en respuesta a tantas oraciones» (2 Corintios 1:11).

(3) Todavía otro uso importante del término *carisma* se relaciona con la habilidad especial de ministrar con efectividad y poder. Cuando se usa en este contexto el término *carisma* es mejor traducirlo como don espiritual». Es el tercer uso el que nos concierne en este libro. El uso más significativo de los términos *carisma* y *carismata* aparece en las siguientes referencias:

«Tenemos *dones* diferentes, según la gracia que se nos ha dado» (Romanos 12:6).

«Ahora bien, hay diversos *dones*» (1 Corintios 12:4).

«Ustedes, por su parte, ambicionen los mejores *dones*» (1 Corintios 12:31).

«Ejercita el *don* que recibiste» (1 Timoteo 4:14).

«Por eso te recomiendo que avives la llama del *don* de Dios que recibiste» (2 Timoteo 1:6).

«Cada uno ponga al servicio de los demás el don que haya recibido, administrando fielmente la gracia de Dios en sus diversas formas» (1 Pedro 4:10).

Los dones espirituales deben distinguirse de los talentos humanos, en que pueden operar sin asistencia divina. Más aun, los dones espirituales deben distinguirse del fruto espiritual: el fruto del Espíritu describe las virtudes morales (véase Gálatas 5:22,23), mientras que los dones espirituales se relacionan con capacidades o habilidades que equipan a los cristianos para el servicio (véase Romanos 12:6 – 8; 1 Pedro 4:10).

Dicho de manera precisa un don espiritual es una habilidad divina y sobrenatural dada por Dios para permitir a un cristiano servir y ministrar. Puesto aun más simple, un don espiritual es una herramienta especial para el ministerio.

IMPORTANCIA DE CONOCER SUS DONES ESPIRITUALES

Algunas veces se ha hecho la pregunta: «¿Los dones espirituales pueden operar a través de mí si no estoy enterado de que los tengo?». La respuesta es: «Por supuesto que pueden» (los cristianos de la Edad Media, por ejemplo, no tenían una teología adecuada de los dones espirituales, con todo, ciertamente los dones del Espíritu fluían a través de muchas de esas vidas). Con toda seguridad, los dones espirituales se pueden manifestar sin entenderlos, o ni siquiera estar enterado de que se tienen.

Sin embargo, hay muchas buenas razones para que conozcamos y entendamos nuestros dones. Quedamos en una posición mucho más favorable para llegar a ser discípulos efectivos cuando identificamos y desarrollamos los dones espirituales que Dios nos ha dado. Específicamente, aquí hay algunas razones sólidas para que usted llegue a enterarse de sus dones espirituales:

IDENTIFICACIÓN DE SUS DONES ESPIRITUALES:

1. Le ayuda a determinar la voluntad de Dios para su vocación. El conocimiento de sus dones le proveerá un contexto para tomar decisiones ministeriales y de su carrera, teniendo en cuenta qué no intentar, así como también en qué entrar con confianza.

2. Moviliza la iglesia entera para la misión. Puesto que un pequeño porcentaje de la iglesia está compuesto por sus directivos, y más del noventa por ciento por los feligreses, obviamente la iglesia debe equipar y animar a todo cristiano al ministerio en su respectiva esfera de influencia.

3. Lo asiste en establecer prioridades para el estudio, el crecimiento y el ministerio. Puesto que cada uno de nosotros tiene una cantidad limitada de tiempo para desarrollar su potencial, parece claro que debemos desarrollarnos a nosotros mismos en las áreas de nuestros dones especiales.

4. Da a cada cristiano un sentido de dignidad y de valía propia. Todo cristiano es una parte importante de la iglesia total. En la comunidad cristiana no hay ningún ciudadano de «segunda clase» porque cada persona constituye un miembro vitalmente significativo del cuerpo de Cristo.

5. Le permite recibir los dones ministrados a otros. Cuando los cristianos llegan a conocer más de sus propios dones espirituales y de los de los otros cristianos, pueden funcionar de manera más armoniosa como el cuerpo de Cristo, dando y recibiendo ministerios.

6. Fomenta la unidad entre los condiscípulos creyentes cristianos. Como los miembros de la iglesia funcionan de manera interdependiente (no de manera independiente), conocer los dones espirituales de los otros cristianos, los lleva a respetarse mutuamente mientras viven juntos en la vida común del Espíritu.

IDENTIFICACIÓN DE LOS DONES ESPIRITUALES

Aunque varios escritores bíblicos se refieren directa o indirectamente a los dones espirituales, el apóstol Pablo nos provee el listado más sistemático de los dones del Espíritu. El diagrama* que sigue muestra cuatro pasajes principales en donde Pablo hace referencia específica a los dones espirituales.

Romanos 12: 6 – 8	Corintios 12: 4 – 11	Corintios 12: 28	Efesios 4: 11
Profecía	Profecía	Profecía	Profecía
Enseñanza		Enseñanza	Enseñanza
Servicio			
Animar			
Dar			
Dirección			
Compasión			
	Sanidad	Sanidad	
	Obrar milagros	Obrar milagros	
	Lenguas	Lenguas	
	Interpretación	Interpretación	
	de lenguas	de lenguas	
	Sabiduría		
	Conocimiento		
	Fe		
	Discernimiento		
		Apostolado	Apostolado
		Ayuda	
		Administración	
			Evangelismo
			Pastoreo

* Esta gráfica fue tomada de mi libro DONES DEL ESPÍRITU, Abingdon Press, p. 38

Descripción de los dones espirituales

Aquí hay una definición de cada uno de los dones espirituales listados en el Nuevo Testamento.

Administración es un don que nos permite proveer liderazgo y guía en asuntos de organización y administración. El administrador reconoce y coordina las habilidades y dones de otros miembros del grupo, institución o iglesia.

Animar es la capacidad de hacer manifiesto lo mejor de los otros a través del ministerio de entendimiento, aliento y consejo. Este don nos equipa para levantar y fortalecer a otros al ayudarlos a moverse del problema a la solución del mismo.

Apostolado es la habilidad de comunicar el mensaje cristiano más allá de las barreras culturales (y frecuentemente lingüísticas) y plantar una iglesia cristiana en donde no hay ningún conoci-miento del evangelio. El término en griego (*apostolos*) y en latín (*missio*) significa «un enviado» o «un mensajero». El equivalente moderno es un misionero pionero.

Ayuda es un don que lleva ministerios prácticos a otros, a los cuales descarga, a su vez, para realizar aun más amplios ministerios.

Compasión trasciende tanto la simpatía humana natural como el interés cristiano normal, nos permite sentir en otros un ampliorango de emociones y proveer entonces un ministerio de cui-dado solícito que brinde soporte.

Dar es una potencia extraordinaria para entender y discernir las necesidades materiales o financieras de otros y satisfacer esas necesidades generosamente. Mientras más se usa este don, Dios más lo prospera a uno, de tal modo, que la persona con este don queda con la capacidad de dar aun más.

Dirección significa literalmente en griego «aquel que provee liderazgo al dirigir». Este don nos equipa para ver las necesidades prácticas y coordinar los recursos y habilidades de los otros de tal forma, que esas necesidades se satisfagan.

Discernimiento es la habilidad de leer o escuchar una enseñanza, o considerar un curso de acción propuesto y determinar si la fuente detrás de la acción o la enseñanza es divina, humana o satánica.

Enseñanza es la habilidad de entender y comunicar la fe cristiana de tal manera que muestre la verdad clara a los otros. El resultado final de este don es la madurez de los creyentes cristianos de modo que ellos puedan ser discípulos cristianos más efectivos.

Evangelismo es la habilidad especial para llevar a las personas no conversas a un conocimiento personal de Jesucristo. Las personas con este don son capaces de ayudar a otros con una decisión de cambio de vida la cual los mueva a aceptar a Jesucristo como Señor y Salvador.

Fe es la habilidad especial para «ver la luz al final del túnel», aun cuando otros no caigan en cuenta de las posibilidades divinas en una situación. Este don es aquel en que se tiene confianza extraordinaria en Dios y capacita a las personas para que a través de la oración ponga a actuar los recursos de Dios en beneficio de otros.

Lenguas les permiten a algunos cristianos alabar a Dios en otro idioma aun no aprendido (Hechos 2) o en otros cristianos, con una pronunciación extática que no es un lenguaje terreno (1 Corintios 14). En cualquier caso la oración está dirigida a Dios, no a las otras personas (1 Corintios 14: 2).

Lenguas, Interpretación de: La interpretación de lenguas es requerida si el hablar en lenguas se ejerce públicamente. Este don nos capacita para interpretar a otros la intención o el significado de lo que se le está diciendo a Dios por medio de aquel que está siendo interpretado.

Milagros se refiere al reemplazo de las leyes naturales. En el libro de Hechos este don se relaciona más frecuentemente con la sanidad y el exorcismo (por ejemplo, Hechos 19: 11 – 12).

Palabra de conocimiento es conocer un hecho, o la verdad acerca de una persona, o de una situación, en tanto que esta es directamente revelada por el Espíritu Santo.

Palabra de sabiduría se relaciona con una iluminación especial que nos capacita en una instancia específica para asirnos a la visión divina en cuanto a un hecho, situación o contexto.

Pastoreo es la habilidad de dar liderazgo pastoral a un individuo, o una comunidad de creyentes cristianos. La función primaria de este don es alimentar, guiar y nutrir a otros cristianos con sensitividad e interés sacrificial.

Profecía es la habilidad para presentar la Palabra de Dios con claridad y poder. El ministerio primario de este don no es la predicción o el presagiar, tiene que ver principalmente este con declarar o anunciar.

Sanidad nos permite funcionar como instrumentos de la gracia sanadora de Dios en las vidas de otros. Los dones de sanidades (plural doble en el texto griego) se extienden a la sanidad del cuerpo, la mente y las emociones.

Servicio es un ministerio orientado a las tareas de provisión de servicios temporales y materiales para otros en el cuerpo de Cristo, liberándolos con ello para que realicen aun otros ministerios.

DESCUBRA SUS DONES Y TALENTOS

Instrucciones para hacer el inventario

Este inventario consta de cuatro componentes:

1. Las instrucciones (esta página).
2. Doscientas declaraciones a las cuales usted debe responder (p.13).
3. La hoja de respuestas (insertada en el centro).
4. La clave (p.32).

El siguiente ejercicio le da a usted la oportunidad de responder doscientas declaraciones acerca de su interés y experiencia de los dones espirituales. No responda sobre la base de lo que usted piensa que debiera decir. Más bien, responda sobre la base de su *interés* y su *experiencia*. No deje que la modestia le ponga trabas para responder honestamente acerca de sus habilidades. Si una pregunta no es relevante a su experiencia, entonces responda marcando un cero (0) en el lugar apropiado. Un cinco (5) es la forma apropiada de registrar una respuesta fuertemente favorable.

Evalúese a usted mismo en la siguiente escala de cero a cinco:

0	La pregunta no es relevante a mi experiencia, o no tengo respuesta, o tengo una respuesta negativa.
1	Solo una respuesta débil.
2	Poca respuesta.
3	Respuesta media o moderada.
4	Respuesta mayor que el promedio.
5	Respuesta fuerte.

Cuando haya completado la hoja de respuestas (insertada en el centro) sume los totales en cada línea *horizontal*. Por ejemplo, para la línea «A» usted sumará las respuestas de las preguntas 1, 21, 41, 61, 81, 101, 121, 161 y 181. Ubique los totales en la columna marcada con TOTAL.

Su marcador total para cada línea horizontal sugerirá su interés o su habilidad bajo cada categoría. Por supuesto, esta evaluación es desde su propia perspectiva personal. Sin embargo, su propia asignación constituye una parte importante para descubrir sus dones espirituales.

Llene los espacios en blanco bajo el encabezado DONES, usando los dones listados en la clave de la p. 32. Los marcadores más altos han de indicar sus dones espirituales.

EL INVENTARIO

Recuerde, mientras usted responde a las siguientes declaraciones en la hoja de respuestas (insertada en el centro), marque su respuesta sobre la base de sus intereses, experiencias y la opinión personal propia.

1. Puedo adaptarme a diferentes estilos de vida de manera que se establezcan testigos cristianos entre gente extranjera.
2. Disfruto mostrando a otros cómo habla la Biblia a su situación actual.
3. Disfruto llevando a otros a Jesucristo.
4. Me gusta ayudar a otros a crecer como cristianos.
5. Tiendo a ver cómo las verdades cristianas se relacionan con las otras como un todo.
6. En ocasiones tengo un fuerte deseo de conocer las necesidades prácticas de otros.
7. La gente me busca a menudo solicitando consejo y guía.
8. Me alegro cuando puedo dar dinero para la obra de Cristo.
9. Encuentro satisfacción cuando trabajo con otros ministran do gente que necesita ayuda.

10. Soy dado especialmente a aquellos que están sufriendo angustia mental o física.
11. A menudo Dios me lleva a orar por la curación total de otros en cuerpo, mente y espíritu.
12. Dios ha inspirado mi oración de manera que han sido realizadas cosas imposibles.
13. He hablado en lenguas.
14. He interpretado lenguas de manera que he ayudado a otros a adorar a Dios sin confusión.
15. Algunas veces Dios me dio una idea en cuanto al curso de acción apropiado que los otros deben tomar.
16. He tenido momentos en los que llegué a darme cuenta de una situación o un evento muy aparte de cualquier comunicación externa.
17. En algunas ocasiones otros me han dicho que tengo una gran fe.
18. Puedo detectar fácilmente la verdad espiritual o el error espiritual.
19. Disfruto trabajando tras bambalinas si puedo ayudar a otros.
20. Trabajo bien bajo presión y en medio de la actividad. Puedo ir al centro de un asunto y tomar una acción decisiva.
21. Podría sentirme bien al llevar el evangelio a una tribu pagana.
22. No comprometeré la verdad inclusive si soy criticado por ser testarudo o cabeza dura.
23. Encuentro fácil invitar a las personas a entregarle su vida a Cristo.
24. En ocasiones me siento impulsado a ir a cristianos perdidos y ayudarlos a retomar el camino.
25. Siento que Dios tiene alguna clase de ministerio de enseñanza para mí.
26. Disfruto sirviendo a otros de manera que ellos, a su vez, puedan llevar a cabo sus ministerios.
27. Otros me han dicho que soy buen consejero.
28. Creo que Dios me ha dado la habilidad tanto de hacer como de compartir dinero.

Nombre: _____

HOJA DE RESPUESTAS

									TOTAL	DONES
A 1.___	21.___	41.___	61.___	81.___	101.___	121.___	141.___	161.___	181.___ A___	___
B 2.___	22.___	42.___	62.___	82.___	102.___	122.___	142.___	162.___	182.___ B___	___
C 3.___	23.___	43.___	63.___	83.___	103.___	123.___	143.___	163.___	183.___ C___	___
D 4.___	24.___	44.___	64.___	84.___	104.___	124.___	144.___	164.___	184.___ D___	___
E 5.___	25.___	45.___	65.___	85.___	105.___	125.___	145.___	165.___	185.___ E___	___
F 6.___	26.___	46.___	66.___	86.___	106.___	126.___	146.___	166.___	186.___ F___	___
G 7.___	27.___	47.___	67.___	87.___	107.___	127.___	147.___	167.___	187.___ G___	___
H 8.___	28.___	48.___	68.___	88.___	108.___	128.___	148.___	168.___	188.___ H___	___
I 9.___	29.___	49.___	69.___	89.___	109.___	129.___	149.___	169.___	189.___ I___	___
J 10.___	30.___	50.___	70.___	90.___	110.___	130.___	150.___	170.___	190.___ J___	___

K 11.___	31.___	51.___	71.___	91.___	111.___	131.___	151.___	171.___	191.___ K___
L 12.___	32.___	52.___	72.___	92.___	112.___	132.___	152.___	172.___	192.___ L___
M 13.___	33.___	53.___	73.___	93.___	113.___	133.___	153.___	173.___	193.___ M___
N 14.___	34.___	54.___	74.___	94.___	114.___	134.___	154.___	174.___	194.___ N___
O 15.___	35.___	55.___	75.___	95.___	115.___	135.___	155.___	175.___	195.___ O___
P 16.___	36.___	56.___	76.___	96.___	116.___	136.___	156.___	176.___	196.___ P___
Q 17.___	37.___	57.___	77.___	97.___	117.___	137.___	157.___	177.___	197.___ Q___
R 18.___	38.___	58.___	78.___	98.___	118.___	138.___	158.___	178.___	198.___ R___
S 19.___	39.___	59.___	79.___	99.___	119.___	139.___	159.___	179.___	199.___ S___
T 20.___	40.___	60.___	80.___	100.___	120.___	140.___	160.___	180.___	200.___ T___

29. Si ninguna organización estructurada existe, yo estoy dispuesto a dar un paso al frente y asumir la responsabilidad del liderazgo.
30. Creo que Dios me quiere especialmente para ministrar a aquellos que están en angustia.
31. Algunos me han dicho que creen que tengo el don de sanidad.
32. Creo que Dios puede alterar las circunstancias milagrosamente si oramos.
33. Orar en lenguas ha sido significativo para mí en mi vida de oración personal.
34. Cuando otros han orado en lenguas siento que entendí el significado de su oración.
35. Dios me permite ver la aplicación apropiada de la verdad cristiana para circunstancias específicas.
36. Cuando estoy en medio de alguna conversación con otra persona he llegado a darme cuenta de una profunda necesidad dentro de esa persona, la cual ella había escondido cuidadosamente.
37. Puedo ver con facilidad la mano de Dios en el presente.
38. Puedo detectar la falsedad espiritual antes de que otros lo hagan.
39. Disfruto asistiendo a otros de tal manera que los libere para sus propios ministerios.
40. Puedo reconocer los talentos y dones en los otros y también ayudarlos a encontrar formas de utilizar sus habilidades.
41. Disfrutaría aprendiendo un nuevo idioma para poder abrir una nueva iglesia en otro lugar.
42. Me gusta hablarle a otros acerca del juicio de Dios por la maldad y de sus misericordiosas promesas para con aquellos que se tornan a él.
43. Me gusta dar testimonio público de lo que Cristo ha hecho por mí.
44. Tiendo a ser paciente con cristianos que llevan un progreso lento en su vida cristiana.
45. Prefiero leer verdades profundas cristianas en vez de biografías de cristianos.

46. Tiendo a ser uno de los primeros en notar las necesidades prácticas de otros.

47. Cuando estoy animando a alguien o dándole consejo, me preocupa cómo reaccione esa persona a mis esfuerzos por ayudarla.

48. Me gusta dar dinero de manera anónima.

49. Siento que puedo ver el cuadro completo y ayudar a dirigir a otros para que hagan su mejor contribución a los proyectos cristianos.

50. Disfruto dando ayuda práctica a aquellos que se tienen problemas.

51. A menudo oro porque el dolor de otros sea removido.

52. Más de una vez he orado y las personas se han sanado aunque los médicos han dicho que la cura era imposible.

53. Disfruto orándole a Dios en una experiencia estática.

54. Cuando interpreto la oración en lenguas de otra persona siempre quiero que los no creyentes estén presentes para que puedan recibir ayuda.

55. Parezco ser capaz de aplicar la verdad de Dios a situaciones concretas.

56. En algunas ocasiones pienso que puedo ver una situación casi como Dios la ve.

57. A menudo veo una conexión directa entre las promesas de Dios a su gente antigua, con su fidelidad de hoy.

58. A menudo tengo la impresión de que un libro o mensaje particular es inspirado por Dios.

59. En la iglesia prefiero tales ministerios como digitar, clasificar documentos, ser ujier, limpiar y ayudar en cualquier forma que pueda.

60. Puedo inspirar a otros a usar sus dones en el servicio de Dios.

61. A menudo pienso que he sido llamado a llevar el evangelio a un área completamente carente de iglesias.

62. Puedo ver fácilmente las formas en las que la Biblia se relaciona con las necesidades sociales actuales.

63. Tras compartir el evangelio me gusta pedirles a las personas acerca de una decisión personal por Cristo.

64. Siento la responsabilidad de alimentar a otros en el discipulado cristiano.
65. Encuentro gozo en armonizar y ordenar la enseñanza bíblica.
66. No me importa servir a otros, inclusive si se me necesita para llevar a cabo tareas domésticas.
67. Me puedo identificar con un creyente vacilante de tal manera que lo ayude a renovar su esperanza y su entrega.
68. Siento fuertemente que algunos cristianos debieran dar considerablemente más que su diezmo.
69. Algunas veces Dios me ayuda a organizar gente y recursos para atender necesidades prácticas.
70. Algunas veces siento cuando otros están heridos por dentro.
71. A menudo me siento presionado a orar por quienes están enfermos.
72. Encuentro que Dios es más apto para intervenir cuando la situación se ve más desesperanzadora.
73. Oré por primera vez en lenguas cuando estaba solo.
74. Cuando escucho a otros interpretar lenguas, a veces siento que lo hacen más «en la carne» que «en el Espíritu».
75. Otros cristianos buscan mi consejo cuando no están seguros de la dirección a seguir.
76. En ocasiones, repentinamente me he dado cuenta de ciertas opciones para la iglesia las cuales los otros no percibieron.
77. Encuentro fácil confiar en Dios, aun cuando la fe de otros falla.
78. A menudo Dios me ha capacitado para animar a otros a aceptar una enseñanza verdaderamente bíblica.
79. Me gusta relevar a otros en sus labores diarias de tal manera que ellos puedan realizar ministerios importantes.
80. La gente a menudo me busca para guiarlos en organización y dirección.
81. Me emociona la idea de aprender sobre una nueva cultura para llevar el evangelio a otras tierras.
82. Siento que Dios a menudo unge mi hablar en público.
83. Preferiría evangelizar que enseñar.

84. Quiero conocer y entender a aquellos a quienes les estoy sirviendo.
85. Disfruto preparando y dando una presentación ordenada de alguna porción de la Escritura.
86. A menudo reconozco vías en las que puedo ministrar a otros indirectamente, sin hablar o enseñar.
87. Disfruto ayudando a otros en mostrar pasos detallados que los lleven a ser mejores discípulos cristianos.
88. Algunas veces me siento impulsado a dar dinero a ministerios específicos por fuera de mi congregación.
89. Preferiría usualmente ayudar a solucionar los problemas prácticos del diario vivir a tener que enseñar o predicar.
90. Dios me utiliza para consolar a aquellos que están sufriendo de depresión o de desánimo.
91. Algunas veces tengo fe para orar por la intervención directa de Dios en las enfermedades físicas.
92. Algunas veces cuando oro, Dios milagrosamente cambia las circunstancias.
93. Nunca hablo en lenguas públicamente a menos que sea fuertemente impresionado para hacerlo así y al menos que alguien interprete.
94. Cuando escucho a alguien orar en lenguas, el Espíritu Santo me da la interpretación correcta.
95. En algunas ocasiones Dios me ha ayudado a llevar luz a otros cristianos cuando ellos han estado confundidos sobre qué camino tomar.
96. He tenido la experiencia de saber algo aun cuando nadie me lo dijo.
97. Rara vez tengo dificultad en creer que Dios ayudará a las personas si ellas confían en él.
98. Puedo detectar el bien en otras tradiciones cristianas algunas veces, incluso cuando otros son lentos en reconocerlo.
99. Preferiría tomar los apuntes de una clase que dictar la clase.
100. Como líder puedo ejercer fácilmente autoridad sobre otros.
101. Me intriga la idea de trasladarme a una subcultura y aprender sus costumbres de manera que los pueda ganar para Cristo.

102. Encuentro relativamente fácil sufrir el ridículo por anclarme a la Palabra de Dios.

103. Tiendo a concluir mi testimonio oral de Cristo con una apelación para que otros lleguen a ser cristianos.

104. Disfruto enseñando y guiando a un grupo de cristianos.

105. Pienso que es importante usar las palabras con precisión y pronunciarlas apropiadamente.

106. No me importa ayudar a otros incluso si no lo merecen o sacan ventaja de mí.

107. Me gusta animar y aconsejar a aquellos que son emocional o espiritualmente inestables.

108. Veo el dar para satisfacer las necesidades materiales como ministerio especial.

109. Recibo satisfacción espiritual en buscar recursos de la comunidad de manera que se organice un ministerio para aquellos que tienen necesidades.

110. Me gusta trabajar con aquellos que han sido rechazados por otros.

111. He orado por personas y se han sanado.

112. A través de la oración, Dios ha intervenido milagrosamente en mi vida.

113. Cuando estoy orando en lenguas he deseado saber lo que oré.

114. Pastores cristianos maduros me han dicho que piensan que tengo el don de interpretar lenguas.

115. Puedo ver un asunto por diferentes lados y sentir en qué dirección Dios está llevando al grupo.

116. Dios me ha dado el conocimiento directo de algún hecho antes de que fuera conocido por otros.

117. Puedo ver la mano de Dios trabajando en situaciones de aparente tragedia.

118. Dios me ha usado para advertir a otros del peligro de cierta enseñanza.

119. A menudo veo pequeños detalles a los que se necesita prestarles atención antes de que otros los vean.

120. Estoy dispuesto a tomar decisiones incluso al riesgo de ser malentendido por otros.

121. Pienso que podría ser efectivo en empezar una nueva iglesia donde no existe ninguna.
122. A menudo la gente me ha dicho que me encuentra inspirador cuando hablo en público.
123. Me molesta cuando a los no cristianos no se les invita a aceptar a Cristo al final de un servicio de adoración.
124. Disfruto teniendo la responsabilidad de discipular a un grupo de cristianos.
125. Prefiero escuchar o leer una enseñanza de las Escrituras antes que escuchar o leer testimonios personales.
126. Pienso que uno de mis dones espirituales es servir a otros al ayudarlos a aliviar sus cargas físicas o materiales.
127. Me gusta ayudar a otros, tanto como ellos lo permitan, pero cuando las personas se desinteresan o me rechazan me muevo a otra tarea.
128. Dios parece haberme dado la capacidad de hacer dinero, y me gusta dar liberalmente a causas cristianas.
129. Disfruto trabajando con otros para ministrar de maneras prácticas.
130. Me gusta visitar prisiones, casa de ancianos y otras instituciones para poder ministrar, confortar y ayudar.
131. A menudo tengo el fuerte sentimiento de que Dios quiere sanar a alguien.
132. Dios ha obrado milagros espectaculares en mi vida.
133. A veces siento que me faltan las palabras para alabar a Dios como quisiera hacerlo.
134. Cuando escucho a alguien orar en lenguas usualmente puedo sentir cuándo Dios está inspirándolos y cuándo no.
135. Otros me han dicho que muestro madurez al ofrecer consejo acerca de asuntos espirituales.
136. He tenido la experiencia de hablar con otra persona por solo un momento breve y entender cuál es el problema real que tiene.
137. Puedo confiar en que Dios dará la victoria a aquellos quienes parecen haber perdido su fe.
138. A menudo puedo sentir cuando un orador es fiel a la Biblia.

139. Disfruto colaborando con los detalles pequeños.
140. Puedo organizar los recursos de la iglesia para un ministerio efectivo de asuntos sociales.
141. Disfruto el desafío de tener una asignación como ministerio pionero.
142. Encuentro fácil el aplicar las promesas bíblicas para las situaciones humanas.
143. Es natural para mí llevar a otros a tomar la decisión de recibir a Cristo como Salvador.
144. Siento que soy responsable de ayudar a proteger a los cristianos débiles de las influencias que socavarían su fe.
145. Me molesta cuando escucho o leo un testimonio radiante que contiene alguna falsa enseñanza o consejo sin sentido.
146. Disfruto trabajando tras bambalinas si puedo llegar a las necesidades prácticas de otros.
147. Puedo desafiar a otros sin condenarlos.
148. Frecuentemente me siento impulsado a dar dinero para ciertas empresas cristianas.
149. No me importa pedir la ayuda de otros para un proyecto cristiano importante.
150. Siento compasión por los que no se la merecen.
151. Rara vez dudo en orar porque el enfermo se recupere.
152. Creo que si confiamos en Dios más de lo que lo estamos haciendo, podremos ver milagros hoy, tal como los que ocurrieron en el libro de los Hechos.
153. Cuando oré por primera vez en lenguas nadie me presionó para que lo hiciera.
154. Todas las veces que interpreto lenguas quiero asegurarme de que soy sensible al Espíritu Santo y a la disposición de la congregación.
155. Cuando en un grupo me han pedido una orientación para tomar una dirección futura, he sido inspirado por Dios para dar un consejo sabio.
156. He sorprendido a otros al decirles algunas cosas sobre ellos acerca de las cuales ellos no me habían revelado nada.
157. Disfruto aplicando las promesas de Dios a situaciones aparentemente improbables.

158. Puedo identificar elementos de verdad o de error, cuando escucho o leo las enseñanzas de otros.

159. En algunas ocasiones líderes clave de la iglesia me han contado sus necesidades y sus problemas.

160. Puedo liderar un comité para tomar decisiones.

161. Siento que, si fuera necesario, tendría muchos dones espirituales que me equiparían para ministrar en una congregación cristiana de primera generación.

162. No me importa hablar la verdad incluso a riesgo de confrontar a aquellos en posiciones de autoridad.

163. Disfruto yendo donde están los no cristianos con el fin de ganarlos para Cristo.

164. Siento muy fuertemente que una congregación cristiana debe estar unida.

165. Me gusta deducir principios bíblicos de mi estudio y luego compartirlos con otros.

166. Frecuentemente mi ministerio consiste en ver por las necesidades no satisfechas y entonces calladamente satisfacer esas necesidades.

167. La gente aceptaría una corrección de mi parte porque saben que estoy de su lado.

168. Ocasionalmente siento que algunas solicitudes de dinero no son solicitudes importantes.

169. Dios me capacitó para desarrollar planes que asistan a otros para cumplir un ministerio de ayuda.

170. En algunas ocasiones siento tanta compasión por los otros que dejo de confrontarlos con la verdad cuando ellos lo necesitan.

171. A través de la oración Dios me ha ayudado algunas veces a impartir sanidad física a otros.

172. En algunas ocasiones el Espíritu Santo obra inmediatamente para cambiar las situaciones cuando oramos con fe.

173. En algunas ocasiones durante la oración siento una carga tan abrumadora por alabar o interceder que no puedo encontrar las palabras para expresarme.

174. Cuando he oído interpretar lenguas me he dado cuenta

que quien estaba interpretándolas no estaba siendo guiado por el Espíritu Santo porque Dios me dio la interpretación correcta.

175. Dios me utiliza para dar claridad a otros cuando no están seguros acerca de qué hacer.

176. Algunas veces me he dado cuenta de algo que le sucedió a otra persona, causando que esa persona actuara como lo hizo.

177. Por medio de la oración puedo poner el poder de Dios en beneficio de otros.

178. He detectado un elemento de orgullo y gloria propia en los ministerios de algunos oradores que son altamente aclamados por muchos.

179. Disfruto ayudando a otros de manera que, a su vez, ellos puedan realizar ministerios que yo no puedo hacer.

180. Puedo liderar a otros en asuntos de planeación y de despliegue de las habilidades del grupo.

181. Me siento relajado y confiado incluso cuando estoy parado solo por causa de Cristo en un ambiente no cristiano y hostil.

182. Disfruto aplicando los principios bíblicos al día de hoy.

183. Pienso que Dios me ha dado o quiere darme el don del evangelismo.

184. Estoy interesado en los detalles de la vida de otros de manera que pueda ayudarlos a crecer como discípulos de Cristo.

185. Quiero conocer la base de autoridad antes de que acepte cualquier declaración como válida.

186. Disfruto sirviendo a otros material o físicamente con el fin de hacer sus cargas más ligeras.

187. Me parece tener la habilidad de sacar a relucir lo mejor que hay en otros.

188. Cuando doy a ministerios cristianos es importante para mí que mi decisión sea confirmada por mi esposa o por otro cristiano que yo respete.

189. Otros cristianos me han llamado un líder por naturaleza.

190. Puedo pasar tiempo en amor con aquellos que necesitan a alguien que los escuche.
191. Me gusta orar por aquellos que están enfermos física y emocionalmente.
192. He sido instrumento de Dios para efectuar cambios sobrenaturales en las circunstancias o en las vidas.
193. Orar en lenguas me ayuda a ser un mejor cristiano y un mejor miembro de la iglesia.
194. Cuando interpreto lenguas usualmente lo hago con la visión de cómo los no creyentes serán edificados o ayudados.
195. En ocasiones Dios me da sabiduría más allá de mis habilidades naturales.
196. A menudo Dios me ha ayudado a enfocarme en un problema, incluso cuando otros ni siquiera se dieron cuenta de que existía.
197. Disfruto pasando largos períodos de oración a favor de otros.
198. Siento cuando los predicadores son impulsados por el Espíritu Santo o por un espíritu maligno, o meramente por su propio espíritu humano.
199. Prefiero no recibir el agradecimiento público por las pequeñas cosas que hago para ayudar a otros.
200. Puedo ver el cuadro total más fácil que algunas otras personas, y usar mis ideas para dar guía.

Enumere abajo sus tres o cuatro puntos más altos.

Dones	Puntos
_____	_____
_____	_____
_____	_____
_____	_____

Algunas personas tienden a responder de manera más conservadora que otras. Por lo tanto no puede determinarse ningún estándar para calificar las habilidades propias para tener un don espiritual particular. *Un total de 50 puntos posiblemente está bajo cada don.* Muchos cristianos encuentran que anotaron 30 ó 35 en dos, tres o cuatro dones espirituales.

La clave

A	Apostolado
B	Profecía
C	Evangelismo
D	Pastoreo
E	Enseñanza
F	Servicio
G	Animar
H	Dar
I	Dirección
J	Compasión
K	Sanidad
L	Obrar milagros
M	Lenguas
N	Interpretación de lenguas
O	Sabiduría
P	Conocimiento
Q	Fe
R	Discernimiento
S	Ayuda
T	Administración

BIBLIOGRAFÍA SELECTA PARA EL ESTUDIO POSTERIOR DE LOS DONES DEL ESPÍRITU

DR. KENNETH CAIN KINGHORN

A continuación relaciono un número de libros los cuales considero que contienen el mejor tratamiento de los dones espirituales. Estos volúmenes están escritos desde una variedad de puntos de vista teológicos, y algunos de ellos proveerán más ayuda que otros. En consecuencia he indicado con un asterisco (*) los libros que se erigen como particularmente importantes.

Bittlinger, Arnold. *Gifts and Graces* [Dones y Gracias], Wm. B. Eerdmans Publishing Co., Grand Rapids, 1967.

*Bridge, Donald and David Pyphers. *Spiritual Gifts and the Church* [Dones espirituales y la iglesia], Inter-Varsity Press, Downer Grove, 1973.

Criswell, W. A. *The Baptism, Filling and Gifts of the Holy Spirit* [El Bautismo, la llenura y los dones del Espíritu Santo], Zondervan Publishing Co., Grand Rapids, 1973.

*Flynn, Leslie B. *Nineteen Gifts of the* Spirit [Diecinueve dones del Espíritu], Victor Books, Wheaton, 1974.

*Gangel, Kenneth O. *You and Your Spiritual Gifts* [Usted y sus dones espirituales]. Moody Press, Chicago, 1975.

Gee, Donald. *Concerning Spiritual Gifts* [Lo concerniente a los dones espirituales]. Gospel Publishing House, Springfield, MO, 1928.

Grossman, Siegfried. *Charisma, the Gifts of the Spirit* [Carisma, los dones del Espíritu]. Key Publishers, Inc., Wheaton, 1971.

_____ . *There are Other Gifts than Tongues* [Hay otros dones además de las lenguas], Key Publishers, Inc., Wheaton, 1971.

*Kinghorn, Kenneth Cain. *Gifts of the Spirit* [Dones del Espíritu], Abingdon Press, Nashville, 1976.

Koch, Kurt. *Charismatic Gifts* [Dones carismáticos], The Association for Christian Evangelism, Québec, Canadá, 1975.

Mac Gorman, Jack. W. *The Gifts of the Spirit* [Los dones del Espíritu], Broadman Press, Nashville, 1974.

*McRae, William J. *The Dynamics of Spiritual Gifts*, Zondervan Publishing Co., Grand Rapids, 1976.

Murphy, Edward F. *Spiritual Gifts and the Great Commission* [Los dones espirituales y la gran comisión], Mandate Press, South Pasadena , 1975.

O'Connor, Elizabeth. *Eight Day of Creation* [El octavo día de la creación], Word Books, Waco, TX, 1971.

Purkiser, W. T. *The Gifts of the Spirit* [Los dones del Espíritu], Beacon Hill Press, Kansas City, 1975.

Steadman, Ray. *Body Life* [La vida del cuerpo], Regal Books, Glendale, 1972.

*Yohn, Rick. *Discover Your Spiritual Gift* [Descubriendo sus dones espirituales]. Tyndale House Publishers, Wheaton, 1974.

*Wagner, C. Peter. *Your Spiritual Gifts Can Help Your Church Grow* [Sus dones espirituales pueden ayudar a que su iglesia crezca], Regal Books, Glendale, 1979.